5199
H

RECUEIL

DES PORTRAITS
DES HOMMES ILLUSTRES,

Dont il eſt fait mention dans l'Hiſtoire de France,
commencée par MM. VELLY & VILLARET,
& continuée par M. l'Abbé GARNIER.

TOME VII,

CONTENANT la ſuite du Regne de Louis XIV.

A PARIS,

Chez NYON l'aîné, Libraire, rue du Jardinet, quartier
Saint-André-des-Arcs.

M. DCC. LXXXVI.

État des Portraits du septième Volume.

Contenant la suite du regne de Louis XIV.

Suite du regne de Louis XIV.

1 Bataille de Spire, en 1703.
2 Combat de Schellemberg, en 1704.
3 Bataille de Hochftet, en 1704.
4 Siége de Verue en 1705.
5 Bataille de Ramillies, en 1706.
6 Siége de Menin, en 1706.
7 Siége de Turin, en 1706.
8 Siége de Toulon, en 1707.
9 Siége de Lérida, en 1707.
10 Philippe d'Orléans, *Régent.*
11 Bataille entre Fretin & Noyelles, en 1708.
12 Bataille de Malplaquet, en 1709.
13 Plan & attaques de Béthune, en 1710.
14 Siége de Gironne, en 1711.
15 Siége de Rio-Janeiro, en 1711.
16 René Duguay-Trouin, *Lieutenant Général des Armées Navales.*
17 Retranchement & camp de Denain, en 1712.
18 Siége de Landau, en 1713.
19 Siége de Fribourg, en 1713.
20 Claude, Comte de Forbin, *Chef d'Efcadre des Armées Navales.*
21 Noel de Bullion, Seigneur de Bonnelles.
22 Hugues de Lionne, *Ambaffadeur.*
23 Nicolas Ménager, *Miniftre Plénipotentiaire.*
24 Charles VI, *Empereur.*
25 Fréderic-Guillaume I, *Roi de Pruffe.*
26 Anne Stuart, *Reine d'Angleterre.*
27 Richard Cromwel.
28 Georges-Louis de Brunfwick-Hannovre, *dit* Georges I, *Roi d'Angleterre.*
29 Charles XII, *Roi de Suéde.*
30 Fréderic-Augufte I, *Roi de Pologne.*
31 Pierre I, *dit* le Grand, *Czar de Mofcovie.*
32 Catherine Alexiewna, *Czarine de Mofcovie.*
33 François le Fort, *premier Miniftre de Ruffie.*
34 Louis Abelli, *Evêque de Rhodez.*
35 Guillaume Egon, *Prince de Furftemberg.*
36 Julien Hayneuve, *Jéfuite.*
37 Yves de Paris, *Capucin.*
38 Abel-Louis de Sainte-Marthe, *Général de l'Oratoire.*
39 Marie Bonneau, Dame de Miramion.
40 Louis-Sébaftien le Nain de Tillemont.
41 Adrien Baillet.
42 Jean Mabillon, *Bénédictin.*
43 Jean de la Noë Mefnard.
44 Pafquier Quefnel.
45 Jean Milton, *Poëte Anglois.*
46 Charles Patin, *Médecin.*
47 Guy Crefcent Fagon, *Médecin.*
48 Jean de la Bruyere.

49 Jean Domat.
50 Charles de Saint-Denis, Sieur de Saint-Evremont.
51 Jean Locke.
52 Jacques Bernoulli.
53 Pierre Bayle.
54 Euſtache le Noble.
55 Jean-Dominique Caſſini.
56 Nicolas Mallebranche.
57 Guillaume Godefroy, Baron de Leibnitz,
58 Antoine Hamilton.
59 André Dacier.
60 Anne le Febvre, Madame Dacier.
61 René Boudier, Sieur de la Jouſſeliniere.
62 Iſaac Newton.
63 Paul Rapin de Thoyras.
64 Matthieu Tindall.
65 Jean-Baptiſte Santeuil.
66 Jean Racine.
67 Jean Renauld de Segrais.
68 Thomas Corneille.
69 Nicolas Boileau, Sieur Deſpréaux.
70 Guillaume Anfrye de Chaulieu.
71 Anne-Marie de Schurman.
72 Anne Bigot, dite Cornuel.
73 Marie Rabutin, Dame de Chantal, Marquiſe de Sévigné.
74 Magdeleine de Scuderi.
75 Françoiſe-Marguerite de Sévigné Comteſſe de Grignan.
76 Anne de Lenclos, célebre ſous le nom de Ninon.
77 Marie-Catherine Jumelle de Berneville, Comteſſe d'Aulnoy.
78 Jeanne-Marie Bouvieres de la Mothe-Guyon.
79 Marie Chateauneuf Duclos.
80 Jean-Laurent Bernin.
81 Joſeph Parrocel.
82 Charles de la Foſſe.
83 Barthelemi Tremblet.
84 François Girardon.
85 Antoine Coyſevox.
86 Venceſlas Hollard.
87 Gerard Audran.
88 Gerard Edelinck.
89 Sébaſtien Leclerc.
90 Benoît Audran.
91 Archange Corelli.
92 Michel-Richard de la Lande.
93 Jean-François Lallouette.

BATAILLE

BATAILLE DE SPIRE.

Elle fut gagnée par l'armée du Roi, commandée par le Maréchal de Tallard, fur les Impériaux, commandés par le Prince de Hesse-Cassel, le 15 Novembre 1703.

COMBAT
DE SCHELLEMBERG,
près Donawert.

Il fut donné le 3 Juillet 1704; Marlboroug y défit un détachement de l'armée de Baviere, commandée par l'Electeur & le Maréchal de Marsin.

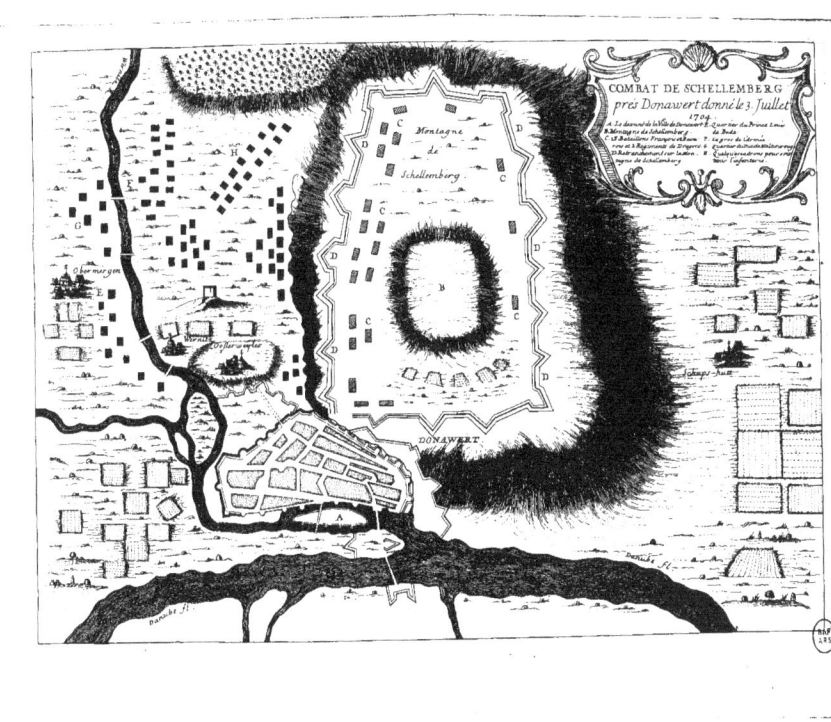

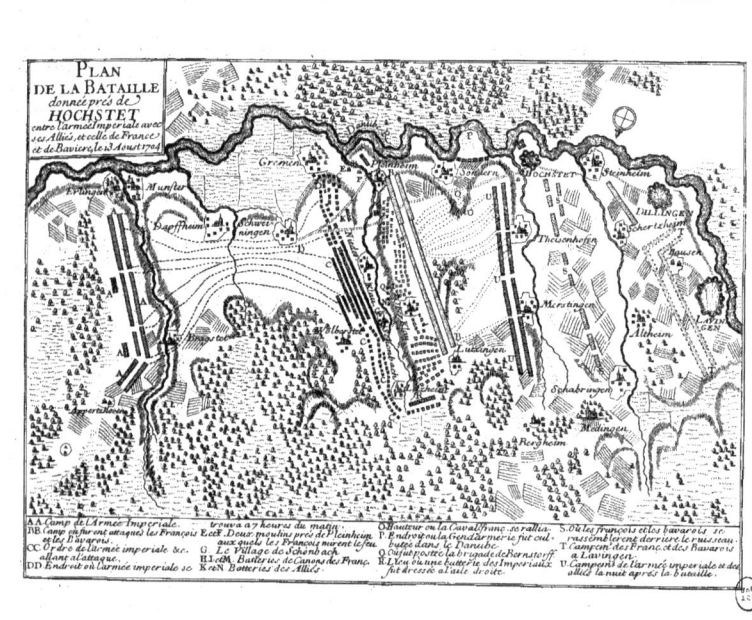

BATAILLE
DE HOCHSTET.

Elle se donna le 13 Août 1704. Le Prince Eugène & Marlboroug y remporterent une victoire complette sur les armées de France & de Baviere, commandées par l'Electeur & les Maréchaux de Tallard & de Marsin.

PLAN DE VERUE.

Cette Place fut assiégée par le Duc de Vendôme, & rendue au Roi le 7 Avril 1705. Ce siege avoit commencé dès le 22 Octobre de l'année précédente.

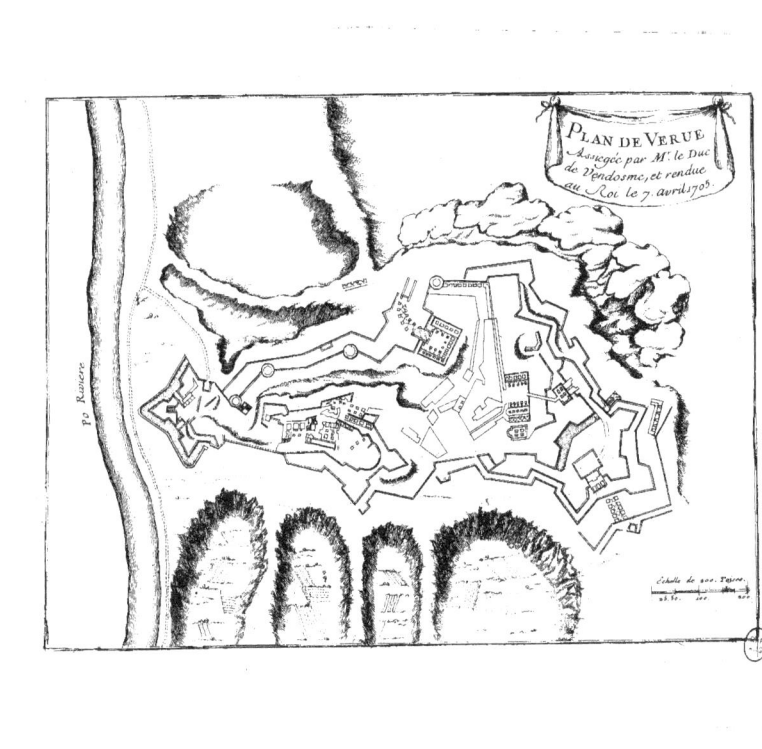

PLAN DE LA BATAILLE
de RAMILLIES.
le 23. May 1706.

BATAILLE DE RAMILLIES.

Elle fut donnée le 23 Mai 1706. Le Duc de Marlborough, le Duc de Virtemberg, & le Maréchal d'Owerkerque, commandants l'armée des Alliés, y défirent l'Electeur de Baviere & le Maréchal de Villeroi, qui commandoient l'armée de France.

ATTAQUES DE MENIN.

Cette Ville fut affiégée & prife par les Alliés, le 22 Août 1706.

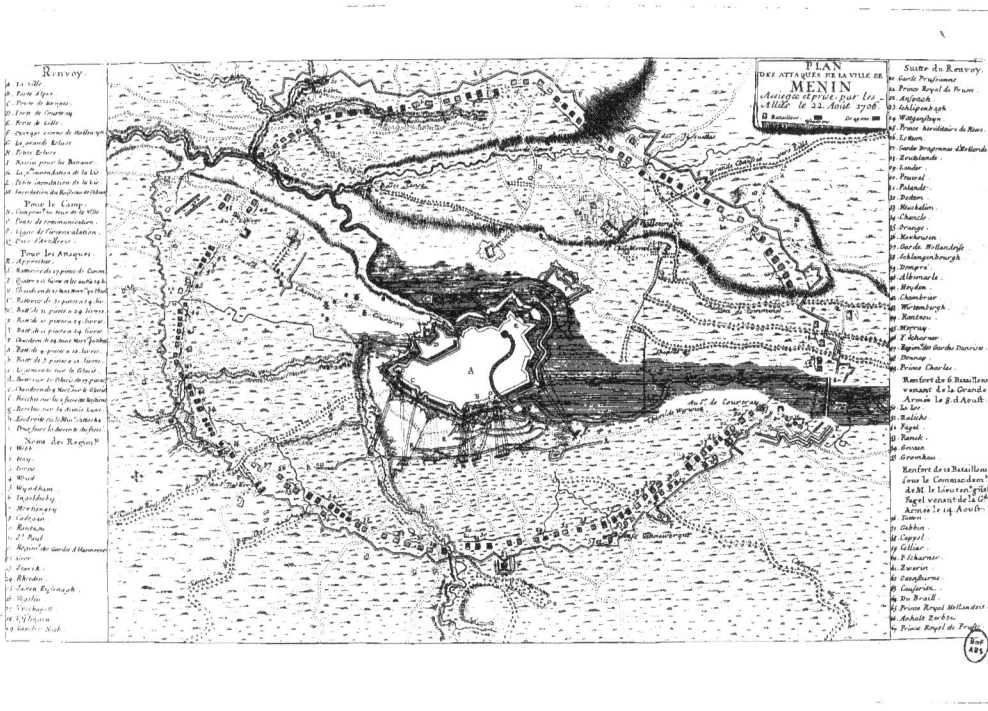

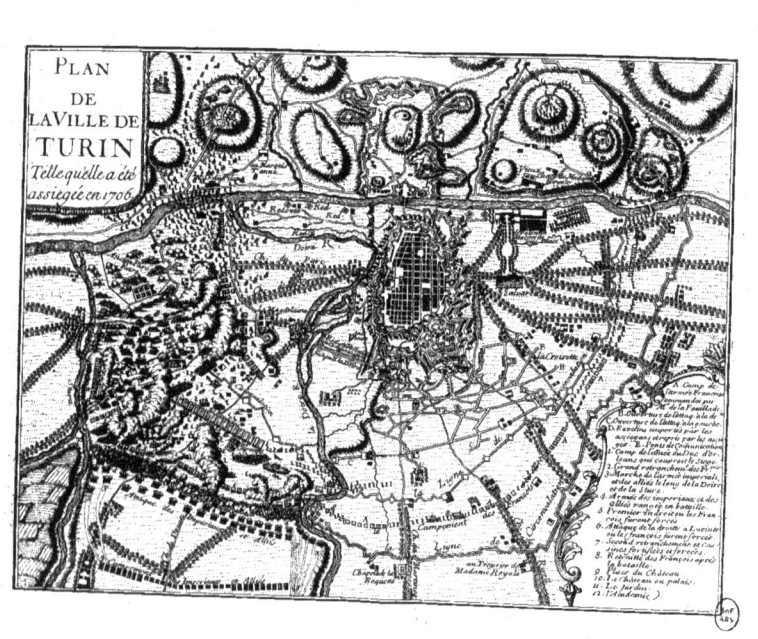

Regne de Louis XIV.

PLAN DE TURIN.

Cette Ville est représentée telle qu'elle a été assiégée en 1706 par le Maréchal de la Feuillade, qui avoit commencé à l'investir le 13 Mai, & qui fut obligé de lever le siege le 7 Septembre.

PLAN DE TOULON.

Cette Ville fut affiégée par le Duc de Savoie & le Prince Eugène; le Maréchal de Teffé les obligea de lever le fiege le 20 Août 1707. Le Marquis de Goefbriant y acquit beaucoup d'honneur.

SIEGE

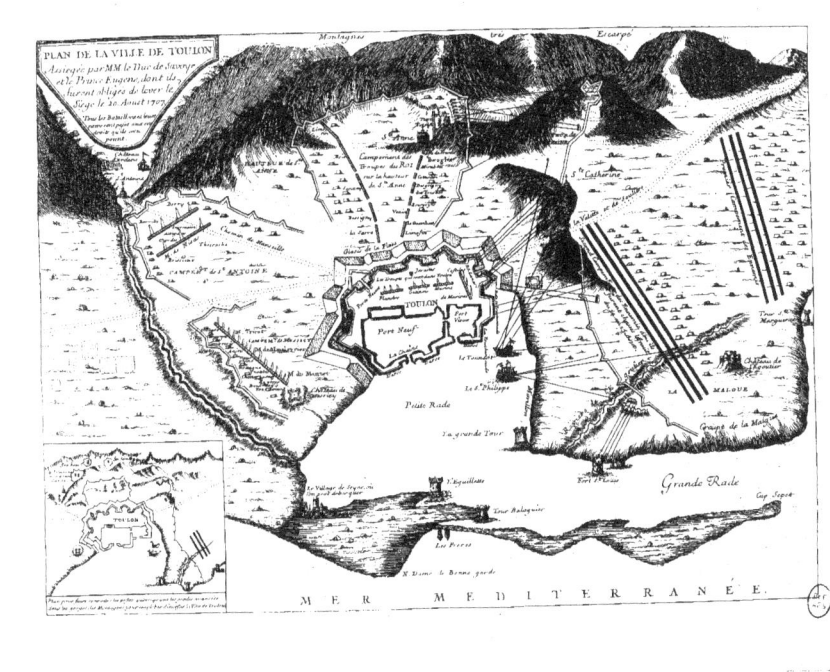

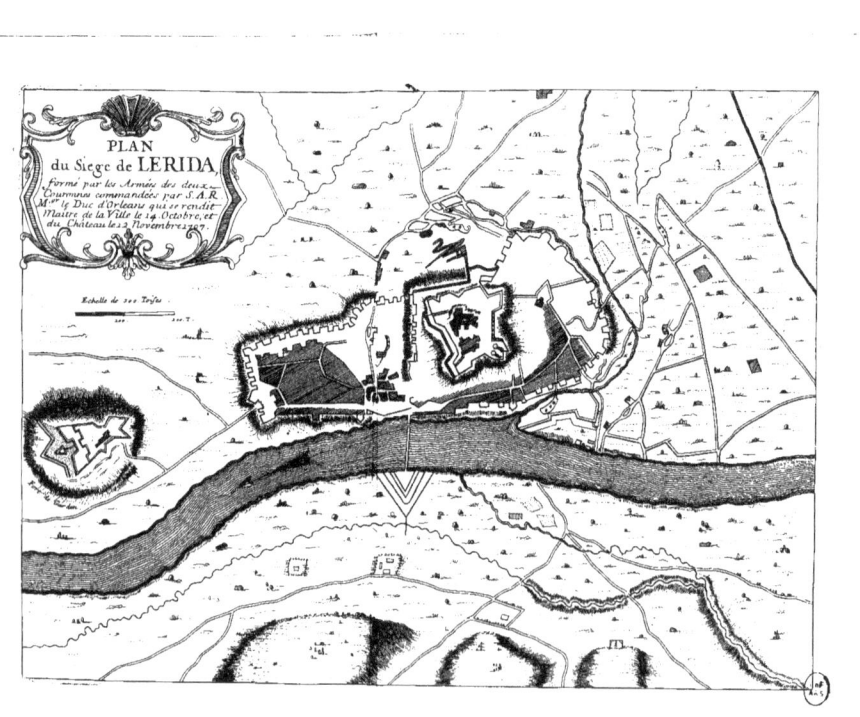

SIÉGE DE LERIDA.

Il fut formé par les armées de France & d'Espagne, commandées par S. A. R. Monseigneur le Duc d'Orléans, qui se rendit maître de la Ville le 14 Octobre, & du Château le 12 Novembre 1707.

PHILIPPE D'ORLÉANS,

SECOND DU NOM,

Petit-fils de France, Duc d'Orléans, Régent du Royaume pendant la minorité de Louis XV;

Né le 2 Août 1674, de Philippe de France, & d'Elifabeth-Charlotte de Baviere, fille de Charles-Louis, Comte Palatin du Rhin; nommé Régent le 2 Septembre 1715; mort le 2 Décembre 1723.

PHILIPPE D'ORLEANS
Petit Fils de France Regent du Royaume
Né le 2 Aoust 1674. Mort le 2 Decembre 1723 Âgé de 49 ans.

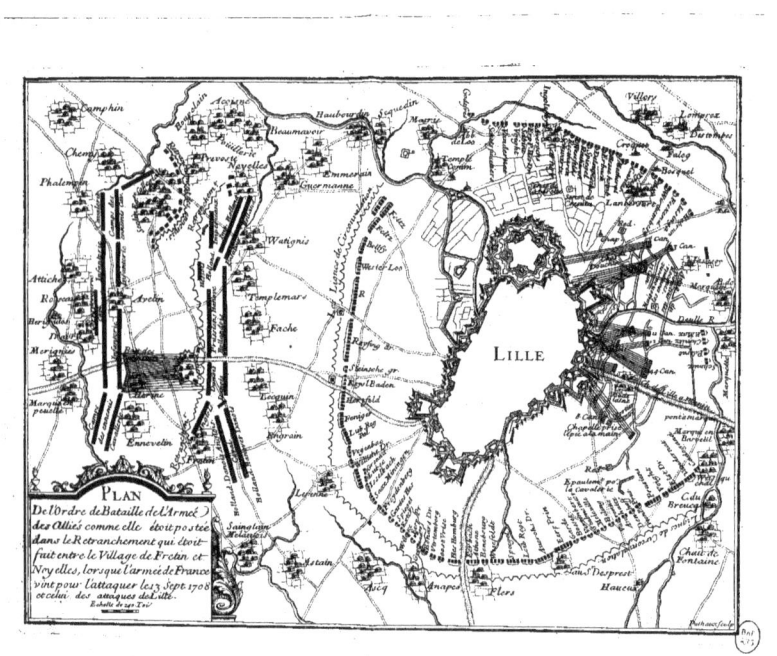

ORDRE DE BATAILLE
DE L'ARMÉE DES ALLIÉS.

Cette armée étoit postée dans le retranchement qui étoit fait entre le Village de Fretin & Noyelle, lorsque celle de France vint pour l'attaquer le 13 Septembre 1708.

Plan des attaques de Lille, dont les ennemis firent le siege & ouvrirent la tranchée la nuit du 22 au 23 Août 1708. Cette Ville se rendit au Prince Eugène le 23 Octobre, & la Citadelle le 8 Décembre, malgré la valeur du Duc de Vendôme jointe à celle du Maréchal de Bouflers, qui défendoit cette Capitale de son gouvernement. Cette belle défense valut à ce dernier la dignité de Pair de France, & à son fils aîné, la survivance du Gouvernement de Flandres.

BATAILLE
DE MALPLAQUET.

Elle fut donnée le 11 Septembre 1709. Le Prince Eugène & le Duc de Marlborough, commandant l'armée des Alliés, y défirent l'armée de Roi, commandée par le Maréchal de Villars, fous les ordres duquel le Maréchal de Bouflers avoit eu la générofité de demander & avoit obtenu d'aller fervir, quoiqu'il fût fon ancien.

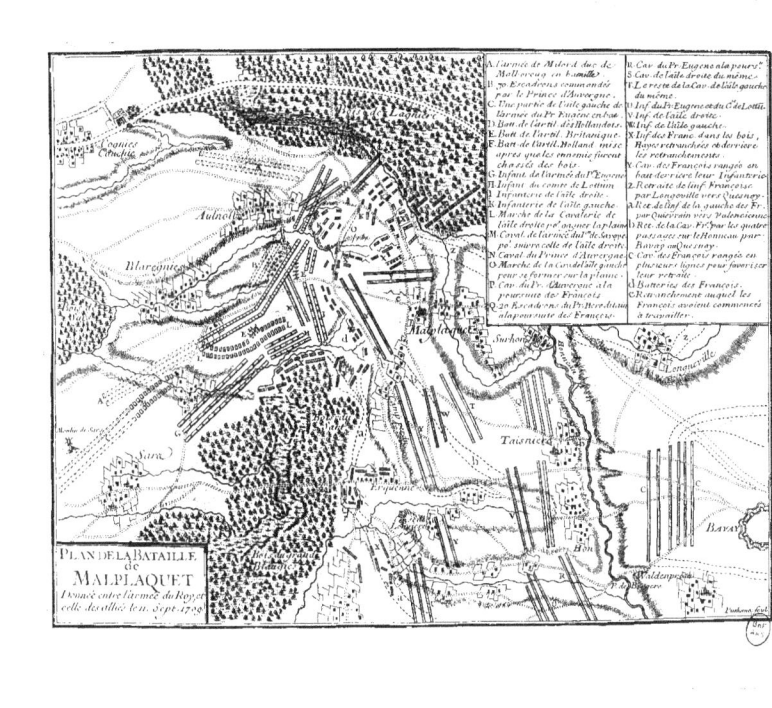

PLAN
de BETHUNE.

ATTAQUE du Général Schoulembourg
Où la tranchée ne fut ouverte que le 27 de Juillet
1710

PLAN DE BÉTHUNE.

Outre le plan de cette Ville, on y voit encore les attaques des Généraux Fagel & Schoulembourg, les 23 & 27 Juillet 1710.

PLAN DE GIRONNE.

Cette Ville fut assiégée par M. le Duc de Noailles, & rendue au Roi le 24 Janvier 1711.

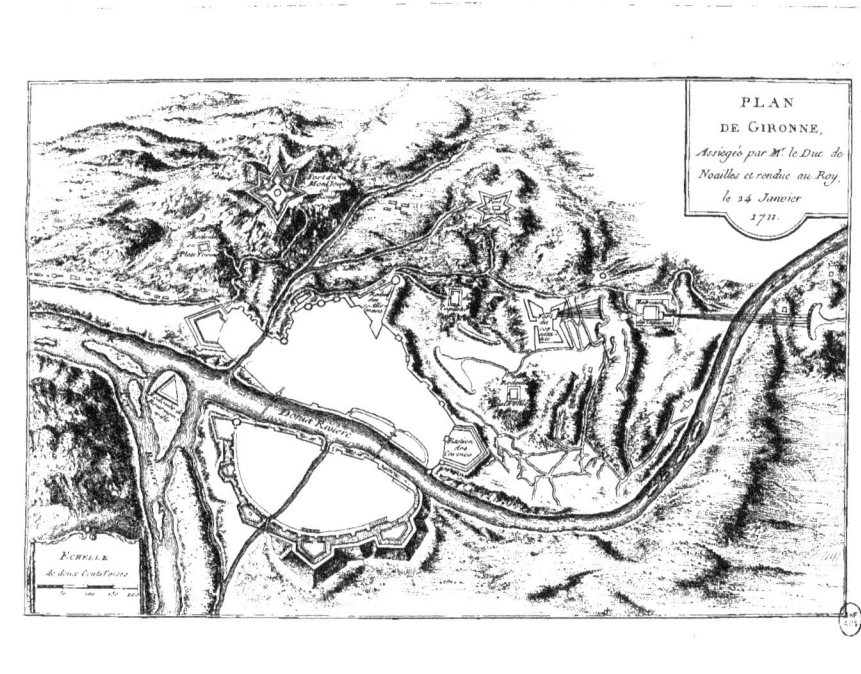

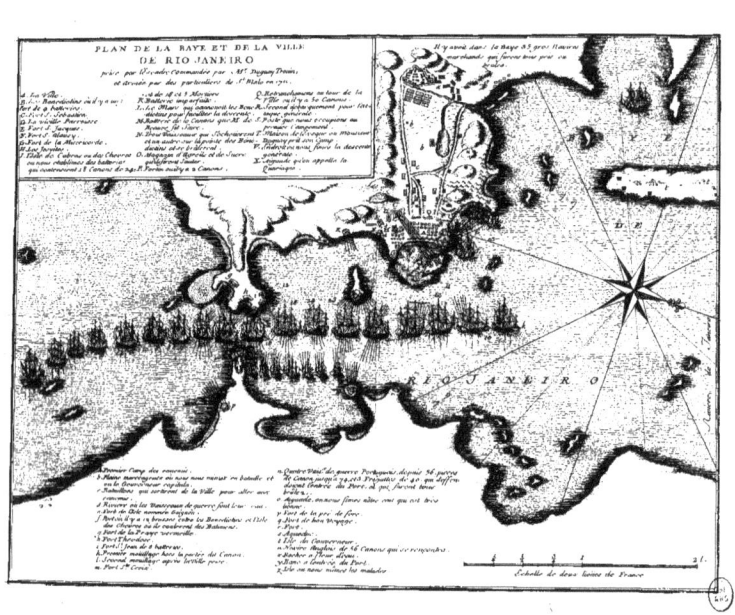

PLAN DE RIO-JANEIRO.

Ce plan repréfente la Baye & la Ville. Elles furent prifes par l'Efcadre commandée par M. du Guay-Trouin, & armée par des particuliers de S. Malo, dans les mois de Septembre & d'Octobre 1711. Cette Ville eft fituée dans le Bréfil.

DU GUAY-TROUIN, (RENÉ)

LIEUTENANT GÉNÉRAL

DES ARMÉES NAVALES;

Né le 10 Juin 1673, de N. du Guay-Trouin, riche Négociant de S. Malo; servit dès l'âge de quinze ans, sur un vaisseau Corsaire; ennobli en 1709; Commandeur de l'Ordre de S. Louis, & Lieutenant Général en 1728; mort le 26 Septembre 1736.

RETRANCHEMENS

RENÉ DU GUAY-TROUIN
Lieutenant Général des Armées Navales
Cômand.r de l'Ordre Royal et M.re de S.t Louis
Né à S.t Malo, en 1673. Mort à Paris, le 26 Septembre 1736.

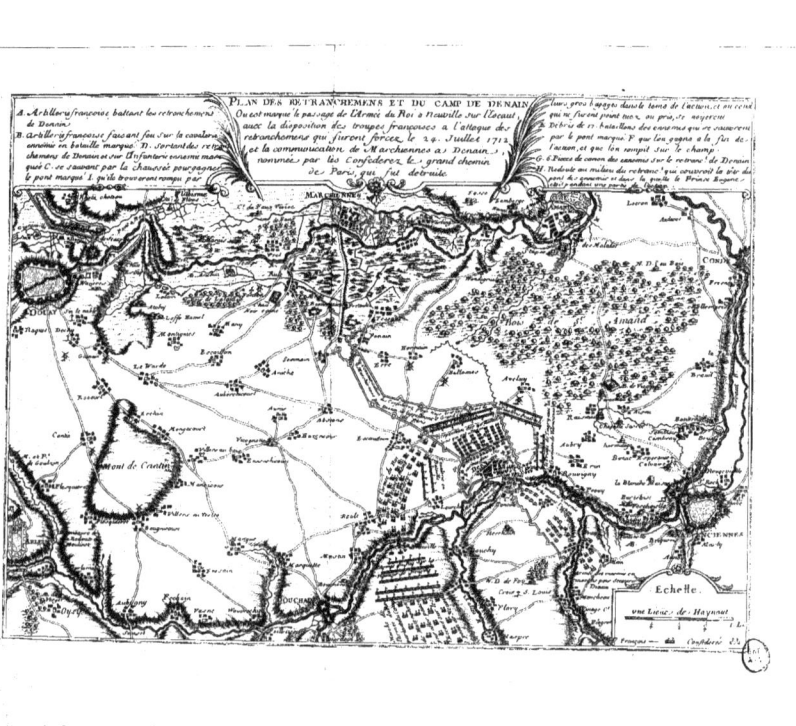

RETRANCHEMENS ET CAMP DE DÉNAIN.

Dans ce Plan est marqué le passage de l'armée du Roi à Neuville sur l'Escaut, avec la disposition des troupes Françoises à l'attaque des retranchemens, qui furent forcés le 24 Juillet 1712, & la communication de Marchiennes à Dénain, nommée par les Confédérés, le grand chemin de Paris, qui fut détruite. C'étoit à Marchiennes qu'étoient tous les magasins des ennemis.

SIÉGE DE LANDAU.

Ce siége fut fait par les Maréchaux de Villars & de Besons; la tranchée fut ouverte la nuit du 24 au 25 Juin 1713, & la Ville se rendit le 21 Août suivant.

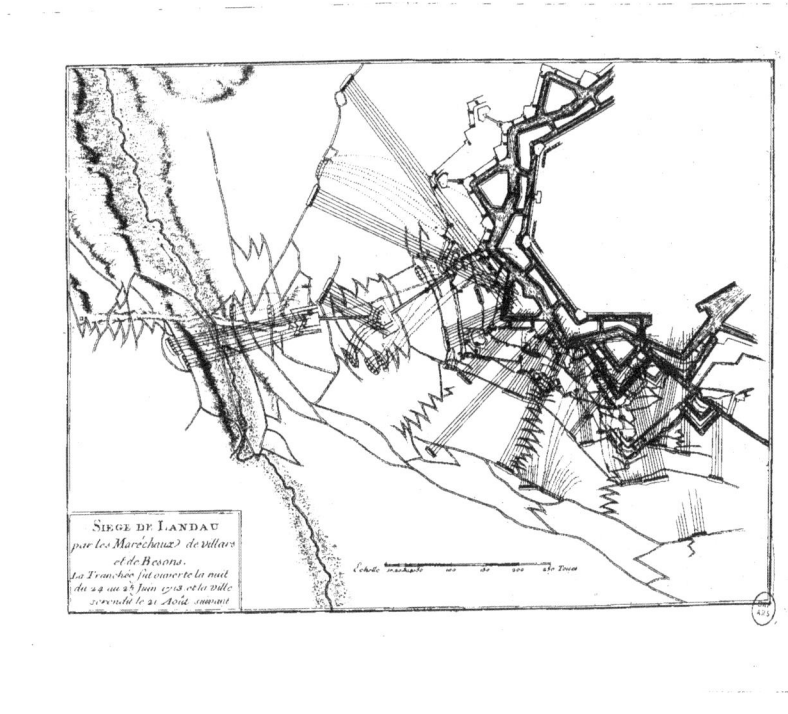

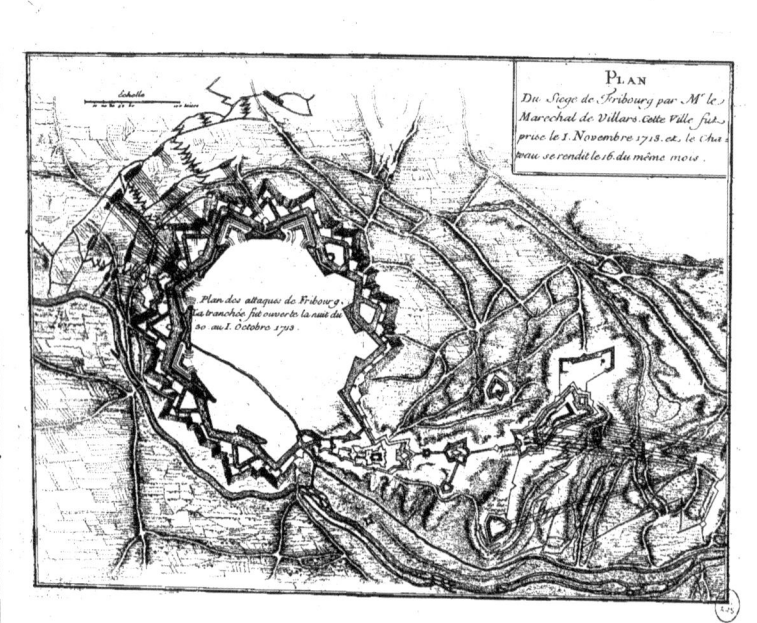

SIÉGE DE FRIBOURG.

Cette Ville, assiégée par le Maréchal de Villars, fut prise le premier Novembre 1713, & le Château se rendit le 16 du même mois.

FORBIN, (CLAUDE, COMTE DE)

Grand Amiral, Généralissime des troupes du Roi de Siam, & Chef d'Escadre des armées navales de France.

Sixiéme fils de Pierre Forbin, Seigneur de Gardanne, & d'Anne Merigon, fille d'Antoine, premier Consul de Grasse; né en 1656; Enseigne de vaisseau en 1677; Lieutenant en 1683; Grand Amiral & Général des troupes du Roi de Siam en 1686; Chef d'Escadre en 1707, & en même-tems honoré du titre de Comte; mort le 3 Mars 1733.

CL. DE FORBIN Grand Amiral et Gen.ssse des Troupes du Roi de Siam, Chef d'Escadre des Armées Navales de France. Mort le 8 Mars 1733.

Noel de Bullion Seigr. de Bonnelles mort le 3. Aoust 1670.

BULLION, (NOEL DE)

SEIGNEUR DE BORUELLES,

Fils de Claude de Bullion, qui fut Surintendant des Finances en 1632, & Président à Mortier au Parlement de Paris en 1636; mort le 3 Août 1670.

LIONNE, (HUGUES DE)

Né en 1611, se distingua dans ses ambassades de Rome, de Madrid & de Francfort; il devint Ministre d'Etat, & chargé des négociations les plus difficiles, dont il s'acquitta avec beaucoup d'honneur pour lui & pour la France. Il mourut à Paris en 1671.

NICOLAS MENAGER
Plénipotentiaire au Congrès d'Utrech.
Mort à Paris le 15. Juin 1714. Agé de 56 Ans.

MENAGER, (NICOLAS)

PLÉNIPOTENTIAIRE AU CONGRÈS D'UTRECHT;

Né en 1658, d'une famille confidérable dans le Commerce; Député de la Chambre du Commerce de Rouen; figna en qualité de Miniftre les préliminaires de la Paix au nom du Roi, avec les Miniftres de la Reine d'Angleterre; honoré du titre de *Comte de S. Jean* en 1712; Plénipotentiaire aux Conférences d'Utrecht; mort le 15 Juin 1714.

CHARLES VI,

EMPEREUR,

Né le premier Octobre 1685 ; nommé Archiduc en 1687 ; Empereur en 1711 ; mort le 20 Octobre 1740.

CHARLES FRANÇOIS
D'AUTRICHE, EMPEREUR
Né le premier Octobre 1686.

FREDERIC GUILLAUME
Roy de Prusse
né a Berlin le 4 Aoust 1688

FRÉDERIC-GUILLAUME I,

ROI DE PRUSSE

ET ÉLECTEUR DE BRANDEBOURG,

Né le 4 Août 1688, de Fréderic III, Électeur de Brandebourg, premier Roi de Prusse, & d'Amélie-Charlotte d'Hanover; élevé sur le Trône à l'âge de vingt-cinq ans; mort le 31 Mai 1740.

STUART, (ANNE)
REINE DE LA GRANDE BRETAGNE,

Fille puînée de Jacques II, Roi d'Angleterre, & d'Anne Hyde, fille du Comte de Clarendon, Grand Chancelier d'Angleterre; née le 6 Février 1664; mariée le 17 Août 1683, à Georges, Prince de Dannemarck; succéda au Roi Guillaume-Henri, son beau-frere, le 4 Mai 1702; morte le 12 Août 1714.

ANNE,
Reine d'Angleterre.
Né en 1664. Morte le 22 d'Aoust 1714.

RICHARD CROMWEL.
Fils d'Olivier
Est mort le 24. Juillet 1712. agé de 80 ans.

CROMWEL, (RICHARD)

Fils d'Olivier Cromwel, & de N. Brenton, fille d'un Chevalier Baronnet;

Né au mois d'Août 1632; mort le 24 Juillet 1712.

GEORGES-LOUIS
DE BRUNSWICK-HANNOVRE,
dit *GEORGES I*,

D'abord Duc de Hanovre & Roi d'Angleterre;

Né le 28 Mai 1660, d'Erneſt-Auguſte de Brunſwick-Zell, & de Sophie de Brunſwick-Hanovre, Princeſſe Palatine, fille de Fréderic V, élu Roi de Bohême, & d'Eliſabeth Stuart, laquelle étoit fille de Jacques I, Roi d'Angleterre; proclamé Roi le 10 Août 1714; mort le 22 Juin 1727.

GEORGE I.
Roy d'Angleterre.
Né le 28.May 1660. Mort en 1727.

CHARLES XII. Roi de Suede,
Né le 27 Juin 1682. Mort le 11 Décemb. 1718.
C'et le vrai Portrait du quel Charles 12 coupa le
visage avec son épée ne voulant pas être peint.

CHARLES XII,

ROI DE SUÉDE,

Né le 27 Juin 1682, de Charles XI, fils de Charles Gustave X, à qui la Reine Christine avoit cédé la Couronne, & de Ulrique-Eléonore, fille de Fréderic III, Roi de Dannemarck; déclaré majeur à quinze ans; couronné le 24 Décembre 1697; mort le 11 Décembre 1718.

FRÉDERIC AUGUSTE I,

ROI DE POLOGNE,

Né le 12 Mai 1670, de Jean-Georges III, Duc & Electeur de Saxe, & d'Anne-Sophie, fille de Fréderic III, Roi de Dannemarck; succéda à son frere Jean-Georges IV, Electeur de Saxe, le 27 Avril 1694; embrassa la Religion Catholique le 23 Mai 1697; élu Roi de Pologne le 27 Juillet suivant; obligé de renoncer à son élection en 1704; remonta sur le trône après la défaite de Charles XII par Pierre-le-Grand; mourut le premier Février 1733.

FREDERIC-AUGUSTE,
Electeur de Saxe
Né le 12. Mai 1670.

PIERRE ALEXEOWIZ, I.
CZAR.
mort le 8. Fevrier 1725. Agé de 52. ans

PIERRE I, LE GRAND,

CZAR DE MOSCOVIE,

Né le 11 Juin 1673, du Czar Alexis Michaelowitz, & de Natalie Kirilouna Nariskin, sa seconde femme; succéda à son frere Théodore à l'âge de dix ans, au préjudice de Jean, son frere aîné; mort le 8 Février 1725.

CATHERINE ALEXIEWNA,

CZARINE DE MOSCOVIE,

Seconde femme de Pierre I, dit *le Grand*. Née le 27 Février 1689, d'un payſan; mariée ayant à peine quinze ans, à un Sergent Suédois, & priſe deux jours après dans Marienbourg, qui s'étoit rendu à diſcrétion aux Ruſſes; le Czar Pierre I en étant devenu amoureux, l'épouſa ſecrétement en 1707; ſon mariage devint public en 1712; couronnée en 1724; elle ſuccéda à ſon mari en 1725; morte le 17 Mai 1727.

CATHERINE ALEXIEWNA
CZARINE DE MOSCOVIE,
Seconde femme de Pierre I. dit le Grand
Couronnée le 18 May 1724. Morte le 17 May 1727
Agée de 38 Ans.

FRANÇOIS LE FORT.
Général, Amiral et 1.er Ministre de Pierre 1.er
Empereur des Russies.
Né à Genève le 2 Janvier 1656. Mort à Moscou, le 12 Mars 1699.

LE FORT, (FRANÇOIS)

Général, Amiral & premier Ministre de Pierre premier, Empereur de Russie;

Né le 2 Janvier 1656; mort le 12 Mars 1699.

ABELLI, (LOUIS)

Grand-Vicaire de Bayonne, Curé de Paris, & enfuite Evêque de Rhodez;

Né dans le Vexin François en 1604; se démit de son Evêché en 1667, trois ans après y avoir été nommé; & mourut à Paris en 1691, après avoir publié plusieurs Ouvrages.

MESSIRE LOUIS ABELLY,
Evique de Rodez decedé le 4.e Octobre
1691 âgé de 87. ans.   N.C.

GUILLAUME EGON Prince de Furstenberg

FURSTEMBERG,

(GUILLAUME EGON, PRINCE DE)

Naquit en 1639; Evêque de Strasbourg en 1681, il devint Cardinal & Abbé de S. Germain-des-Prés à Paris, où il mourut le 10 Avril 1704.

HAYNEUVE, (JULIEN)

JÉSUITE,

Né en 1588; entré dans la Société le 31 Mai 1608; mort le 31 Janvier 1663.

JULIEN HAYNEUVE
Jesuite
Né à Laval, en 1588. Mort à Paris,
le 31 Janvier. 1663.

Cl. Mellan del. et sc. **LE PERE YVES** æt. Suæ 87.
Gardien des Capucins.
Né à Paris, Mort en 1678.

YVES DE PARIS,

Né dans cette Ville, y exerça d'abord la fonction d'Avocat, se fit ensuite Capucin, & se consacra à la conversion des pécheurs & des hérétiques; il mourut en 1678.

SAINTE-MARTHE,

(ABEL-LOUIS)

Général de la Congrégation des Prêtres de l'Oratoire de France, second fils de Gaucher, ou Scévole de Sainte-Marthe, & d'Elisabeth Dumoulin, fille de Pierre, Avocat ;

Né le 12 Août 1621 ; Général de l'Oratoire le 3 Octobre 1672 ; mort le 7 Avril 1697.

ABEL LOUIS DE St MARTHE
Général de la Congrégation de
l'Oratoire
Mort à St Paul aux bois près Soissons, le 7 d.^{re}
1697. Agé de 76 Ans

MARIE BONNEAU,
Dame de Miramion.
Née a Paris le 2.9.bre 1629 Morte le 24 Mars 1696.

MIRAMION,

(MARIE BONNEAU, DAME DE)

Née le 2 Novembre 1629, de Jacques Bonneau, Seigneur de Rubelle; mariée en 1645, à Jean-Jacques de Beauharnois, Seigneur de Miramion; premiere Supérieure des Filles appellées aujourd'hui *les Miramiones*; morte le 24 Mars 1696.

LENAIN DE TILLEMONT,

(LOUIS-SÉBASTIEN)

Né le 30 Mai 1637, de Jean Lenain, Maître des Requêtes, & de Marie le Ragois; mort le 10 Janvier 1698.

BAILLET,

SEBASTIEN LE NAIN
de Tillemont, *Né à Paris, le 30 May 1637.*
Mort le 10 Janv. 1698. Agé de 60 ans.

ADRIEN BAILLET
Né à la Neuville, près Beauvais, le 13 juin
1649. Mort à Paris, le 21 janvier 1706.

BAILLET, (ADRIEN)

Né le 13 Juin 1649; Bibliothécaire de M. de Lamoignon en 1680; mort le 21 Janvier 1706.

MABILLON, (JEAN)

BÉNÉDICTIN,

Né le 23 Novembre 1632; entré chez les Bénédictins à Reims en 1653; mort le 27 Décembre 1707.

DOM JEAN MABILLON,
R. Benedictin de la Congregaõn de S.t Maur.
Né à S.t Pierremont, Diocèse de Reims, le 23 Novembre 1632.
Mort à Paris à l'Abb.e S. Germain, le 27 Décemb. 1707. âgé de 76. Ans.

JEAN MESNARD DE LA NOË DIRECTEUR DU SEMINAIRE DE NANTES MORT LE 15 AVRIL 1717. AGÉ DE SOISANTE ET SIX ANS

Maria Horthemels sculp.

Lex veritatis fuit in ore ejus: in pace
et in æquitate ambulavit mecum et
multos avertit ab iniquitate. mal. 2.V.6.

MESNARD, (JEAN DE LA NOË)

DIRECTEUR DE LA COMMUNAUTÉ

DE S. CLÉMENT DE NANTES.

Né le 23 Septembre 1650, de Louis Mesnard, ancien Consul de Nantes, & de Louise Fouré de la Noë; mort le 15 Avril 1717.

QUESNEL, (PASQUIER)
PRÊTRE DE L'ORATOIRE,

Né le 15 Juillet 1634; mort le 2 Décembre 1719.

Pasquier Quesnel
Prestre de l'Oratoire né à Paris
le 15 Juillet 1634 Mort à Amsterd. le 2 x.bre
1719.

JEAN MILTON
Né à Londres en 1608. Mort en 1674.
Agé de 66 ans.

MILTON, (JEAN)

Né le 9 Décembre 1608; marié en 1643 à Marie Pouwel, fille de Richard Pouwel; mort le 15 Novembre 1674.

PATIN, (CHARLES)

MÉDECIN, FILS DE GUY,

Né le 23 Février 1633; mort le 2 Octobre 1693.

CHARLES PATIN FILS DE GUY.
Né a Paris le 23. Fevrier 1633.
Mort a Padoue le 8bre 1693.

GUY CRESCENT FAGON.
1.er Medecin du Roy.
Né a Paris le 11. May 1638. Mort le 11. Mars 1718.

FAGON, (GUY-CRESCENT)

PREMIER MÉDECIN DU ROI,

Né le 11 Mai 1638, de Henri Fagon, Commissaire des Guerres, & de Louise de la Brosse; premier Médecin du Roi en 1693, Surintendant du Jardin du Roi en 1698; mort le 11 Mars 1718.

LA BRUYERE, (JEAN DE)

Né en 1639; mis auprès de Monsieur le Duc (Henri-Jules, Prince de Condé) pour former ce Prince dans l'étude de l'Histoire; mort le 10 Mai 1696.

DOMAT,

JEAN DE LA BRUYERE
de l'Académie Françoise
Né près de Dourdan Mort à Versailles le 10 May
1696 Âgé de 57 Ans.

DOMAT, (JEAN)

Avocat du Roi au Préfidial de Clermont en Auvergne;

Né le 30 Novembre 1625; mort le 14 Mars 1696.

SAINT-EVREMOND,

(CHARLES DE SAINT-DENIS, SIEUR DE)

Né le premier Avril 1613 ; mort le 20 Septembre 1703.

CHARLES DE S.^T DENIS DE SAINT EVREMONT
Né à St Denis le Guast près Coutances, le 1.er Avril 1613. Mort à Londres le 20 Septembre 1703.

JEAN LOCKE
Philosophe; Né en 1632. Mort en 1704.

LOCKE, (JEAN)

Fils de Jean Locke, Capitaine dans l'armée du Parlement du tems des Guerres Civiles sous Charles I;

Né en 1632, mort le 28 Octobre 1704.

BERNOULLI, (JACQUES)

MATHÉMATICIEN,

Né le 27 Décembre 1654, de Nicolas Bernoulli; mort le 16 Août 1705.

BAYLE, (PIERRE)

Né le 18 Novembre 1647; mort le 28 Décembre 1706.

LE NOBLE, (EUSTACHE)

Naquit à Troyes en 1643. On a de lui un grand nombre d'Ouvrages; il mourut en 1711.

EUSTACHIUS LE NOBLE

Nobilitas fedam dedit nomenque genusque,
Clarior ingenio, nobiliorque micas;
Invida fortunæ dic spernens tela malignæ,
Per scopulos virtus sæpius astra petit.

JEAN DOMINIQUE CASSINI
De l'Acad.^e Royale des Sciences,
Né à Perinaldo, dans le Comté de Nice, le 8 juin
1625. Mort à Paris, le 14 Septembre 1712.

CASSINI, (JEAN-DOMINIQUE)

Né le 8 Juin 1625, de Jacques Caffini, & de Julie Crovefi; mort le 14 Septembre 1712.

MALEBRANCHE, (NICOLAS)

PRÊTRE DE L'ORATOIRE,

Né le 6 Août 1638, de Nicolas Malebranche, Secrétaire du Roi, & de Catherine Lauzon; entré à l'Oratoire le 28 Janvier 1660; mort le 13 Octobre 1715.

LEIBNITZ,

NICOLAS MALEBRANCHE
de l'Oratoire
Né à Paris le 6. Août 1638. Mort le 13. 8.bre 1715.

GUILL^{ME}. GODEFROY LEIBNITZ
Né à Léipsic le 4 Juillet 1646. Mort à
Hanover le 14 Novembre 1716.

LEIBNITZ,

(GUILLAUME-GODEFROY, BARON DE)

Né le 4 Juillet 1646; mort le 14 Novembre 1716.

HAMILTON, (ANTOINE)

Né vers l'an 1646 ; mort le 21 Avril 1720.

ANTOINE HAMILTON.
Né en Irlande, Mort à St Germain en Laye
le 21 Avril 1720 agé d'environ 74 ans.

ANDRÉ DACIER,
De l'Academie Françoise Né à Castres.
Mort le 18. Septembre 1722. en sa 71. Année.

DACIER, (ANDRÉ)

Né le 6 Avril 1651, de Jean Dacier, Avocat au Parlement de Toulouse, & de Susanne Falquerolles; reçu à l'Académie des Inscriptions en 1695, & dans la même année à l'Académie Françoise; mort le 18 Septembre 1722.

DACIER,

(ANNE LE FEVRE)

Fille de Tanneguy le Fevre, & de Marie Olivier; née en 1652; mariée à M. Dacier en 1683; morte le 17 Août 1720.

ANNE LE FEVRE.
Femme de Mr Dacier Née à Saumur, Morte le
17 Aoust 1720. Agée de 68 Ans.

RENÉ BOUDIER,
Ecuyer, Sr de la Jousseliniere,
Né à Alençon, l'An 1634. Mort à Mante, le 16 Novemb.
1723. Agé d'environ 90 ans.

BOUDIER, (RENÉ)

SIEUR DE LA JOUSSELINIERE,

Né en 1634; mort le 16 Novembre 1723.

NEWTON, (ISAAC)

Né le 25 Décembre 1642, du Baron Jean Newton; mort le 20 Mars 1727.

ISAAC NEUTON
Mort à Londres, le 20 Mars 1727. âgé
de 85 ans.

PAUL DE RAPIN Sʳ DE THOYRAS
Né a Castres le 25. Mars 1661.
Mort a Wezel le 16. Mai 1725.

RAPIN DE THOYRAS, (PAUL)

Naquit à Castres en 1661; il passa en Angleterre en 1686, & peu de tems après en Hollande, où il resta jusqu'en 1707, qu'il se transporta avec sa famille à Wezel. Ce fut alors qu'il travailla à son Histoire d'Angleterre; & il y mourut en 1725.

TINDALL, (MATTHIEU)

ÉCRIVAIN D'ANGLETERRE,

Naquit dans la Province de Devon, en Angleterre, l'an 1656. C'étoit une ame vénale qui prenoit toujours le parti du plus fort, tour à tour Catholique & Proteftant, partifan de Jacques lorfqu'il regnoit, & fon détracteur quand on lui eût enlevé le fceptre; mort à Londres en Août 1733.

SANTEUIL,

NICOLAS TINDAL.
Né en 1656 ; Mort en 1733.

J. BAPTISTE DE SANTEUL
Chanoine de S. Victor
Né à Paris, le 12 Mai 1630. Mort à Dijon le 5 Août 1697.

SANTEUIL, (JEAN-BAPTISTE)

CHANOINE DE SAINT VICTOR,

Né le 12 Mai 1630; mort le 5 Août 1697.

Tome VII.

RACINE, (JEAN)

DE L'ACADÉMIE FRANÇOISE,

Né le 21 Décembre 1639; mort le 21 Avril 1699.

JEAN RACINE DE L'ACADEMIE
Françoise Gentilhomme ordinaire du Roy.
Né le 21 Décembre 1639. et Mort le 21 Avril 1699.

SEGRAIS, (JEAN-RENAULD DE)

DE L'ACADÉMIE FRANÇOISE,

Né en 1625; mort le 25 Mars 1701.

CORNEILLE, (THOMAS)

DE L'ACADÉMIE FRANÇOISE,

Né le 20 Août 1625, de Pierre Corneille, Maître des Eaux & Forêts, & de Marthe Pesant; mort le 8 Décembre 1709.

THOMAS CORNEILLE
De l'Academie Françoise
Né à Rouen le 20 Aoust 1625
Mort le 8 Décembre 1709 âgé de 84 ans

NICOLAS BOILLEAU
DESPREAUX

BOILEAU,

Sieur DESPRÉAUX, (NICOLAS)

Né le premier Novembre 1636, onzieme fils de Gilles Boileau, Greffier de la Grand'Chambre du Parlement de Paris, & d'Anne Nielle; de l'Académie Françoise en 1684; mort le 11 Mars 1711.

CHAULIEU,

(GUILLAUME ANFRYE DE)

Né en 1639; mort le 27 Juin 1720.

GUILLAUME AMFRIE
DE CHAULIEU.
Né en 1639, au Chateau de Fontenay en Vexin
Mort à Paris le 27 Juin 1720, âgé de 84 ans.

ANNE MARIE SCHURMAN
Illustre Sçavante Née a Cologne le 5 Novembre 1607. Morte a Vlawert
en frise le 5 May 1678. Agée de 71 ans

SCHURMAN, (ANNE-MARIE DE)

Naquit à Cologne le 5 Novembre 1607 ; elle excelloit dans tous les Ouvrages qui peuvent occuper le beau Sexe, & étoit de plus versée dans toutes les langues savantes : elle vécut en grande intimité avec Labadie, & mourut en Frise le 5 Mai 1678.

BIGOT, (ANNE)

Connue sous le nom de *CORNUEL*, par la délicatesse de ses bons mots;

Née vers l'an 1606; morte en 1693.

SÉVIGNÉ,

MADAME CORNUEL.
Morte en 1693, âgée de 87 ans.

SÉVIGNÉ,

(MARIE RABUTIN,

DAME DE CHANTAL, MARQUISE DE)

Née le 5 Février 1626, de Celſe Bénigne de Rabutin, Baron de Chantal; mariée en 1644 à Henri, Marquis de Sevigné, Maréchal des Camps & Armées du Roi; morte en 1696.

SCUDÉRI, (MAGDELEINE DE)

Née en 1607; morte le 2 Juin 1701.

MAGD. DE SCUDERI.
Morte à Paris le 2 Juin 1701.
Agée de 95 ans.

GRIGNAN,

(FRANÇOISE-MARGUERITE DE SÉVIGNÉ, COMTESSE DE)

Née en 1646, d'Henri, Marquis de Sevigné, & de la célebre Marie de Rabutin, Dame de Chantal; mariée en 1669 à François Adhemar, Comte de Grignan; morte le 13 Août 1705.

LENCLOS, (ANNE DE)

Célebre fous le nom de *NINON;*

Née en 1615; morte le 17 Octobre 1705.

MARIE CATHERINE LE JUMEL
DE BERNEVILLE.
Comtesse d'Aulnoi.
Morte au Mois de Janvier 1705.

AUNOY,

(MARIE-CATHERINE JUMELLE DE BERNEVILLE, ÉPOUSE DE FRANÇOIS DE LA MOTTE, COMTE DE)

Morte en Janvier 1705.

GUYON,

(JEANNE-MARIE BOUVIERES DE LA MOTTE)

Née le 13 Avril 1648; mariée en 1666, à M. Guyon, fils de l'Entrepreneur du Canal de Briare; morte le 9 Juin 1717.

JEANNE MARIE BOUVIERES
De la Mothe Guion. Etat 44.
Née le 13 Avril 1648. Morte le 9 Juin 1717.

MAR.ANNE DE CHATEAUNEUF,
dite DUCLOS,
Comédienne, Née en 1665.

DUCLOS, (MARIE-CHATEAUNEUF)

CÉLEBRE ACTRICE,

Née en 1665 ; reçue à la Comédie Françoife en 1693; morte en 1748.

BERNIN, (JEAN-LAURENT)

Appellé *le Cavalier* BERNIN,

SCULPTEUR, ARCHITECTE ET PEINTRE;

Né le 7 Décembre 1598; mort le 28 Novembre 1680.

PARROCEL,

JEAN-LAURENT BERNIN,
Sculpteur, Architecte, et Peintre,
Né à Naples, le 7 Décembre 1598. Mort à
Rome, le 28 Novembre 1680.

JOSEPH PARROCEL
de Brignolles en Provence, Peintre de Bat.lles
Cons.er de l'Acad.ie Royale de Peint.re et Sculp.re né en 1648.
Mort à Paris, le 1.er Mars 1704. Agé de 56 ans 6 Mois.

PARROCEL, (JOSEPH)

PEINTRE,

Né en 1648; mort le premier Mars 1704.

LAFOSSE, (CHARLES DE)

PEINTRE,

Fils d'Antoine de Lafosse, Joaillier;

Né en 1640; mort en Décembre 1716.

CHARLES DE LA FOSSE.
DE L'ACADEMIE DE PEINTURE.
Né à Paris, Mort en xbre 1716 agé de près de 80 ans

BARTHELEMI TREMBLET
Sculpteur du Roi.
Né à Louvre, Mort à Paris, agé de 70 ans.

TREMBLET, (BARTHELEMI)

SCULPTEUR DU ROI,

Né à Louvres; mort à Paris dans le milieu du XVIIe siecle.

GIRARDON, (FRANÇOIS)

SCULPTEUR,

Né en 1627; mort le premier Septembre 1715.

FRANÇOIS GIRARDON
SCULPTEUR DU ROY
Né à Troyes, mort à Paris le 1.er Sept.bre 1715.
Agé de 88 ans.

ANTOINE COIZEVOX
Sculpteur du Roi.
Né à Lion, en 1640. Mort à Paris, le 10 8bre 1720. agé de 81 ans.

COYSEVOX, (ANTOINE)

SCULPTEUR,

Né en 1640; mort le 10 Octobre 1720.

HOLLARD, (VENCESLAS)

DESSINATEUR ET GRAVEUR,

Né en 1607; mort vers l'an 1660.

VENCESLAS HOLLAR
Deſsinateur et Graveur, Né à Prague, en Boheme en 1607.

AUDRAN, (GÉRARD)

GRAVEUR,

Né en 1640; mort le 25 Juillet 1703.

EDELINCK, (GÉRARD)

GRAVEUR,

Né en 1641; mort le 2 Avril 1707.

GERARD EDELINCK
Natif d'Anvers, Graveur ordinaire du Roy, Conseil.
dans son Academie Royale. Mort le 2 Avril 1707.

SEBASTIEN LE CLERC,
Chevalier Romain Dessinateur et Graveur ordin.
du Cabinet du Roy Auteur de grand nombre d'Ouvrages
Né le 26 Septembre 1637. et mort le 25 Octobre 1714.

LE CLERC, (SÉBASTIEN)

DESSINATEUR ET GRAVEUR,

Né le 26 Septembre 1637; mort le 25 Octobre 1714.

AUDRAN, (BENOÎT)

GRAVEUR,

Né en 1660, de Germain Audran, frere aîné de Gerard; mort le 2 Octobre 1721.

ARCHANGE CORELLI
Né à Fusignari, dans le Boulonnois, Mort à
Rome le 10 Janv. 1713. âgé près de 60 ans.

CORELLI, (ARCHANGE)

MUSICIEN,

Né en 1673; mort le 19 Janvier 1713.

DELALANDE,

(MICHEL-RICHARD)

SURINTENDANT DE LA MUSIQUE DU ROI,

Né le 15 Décembre 1657; mort le 18 Janvier 1726.

MICH.^L RICHARD DE LALANDE
Sur-intend.^t de la Musique du Roi
Né à Paris, le 15 Decembre 1657. Mort le
18 Janvier 1726.

JEAN FR. LALOUETTE
Mr. de Musique et Beneficier
de Nôtre Dame de Paris.
Mort le 1.er Septemb. 1728 âgé de 77 ans.

LALLOUETTE,

(JEAN-FRANÇOIS)

MUSICIEN,

Né en 1651 ; mort le premier Septembre 1728.

Fin du Tome VII.

www.ingramcontent.com/pod-product-compliance
Lightning Source LLC
Chambersburg PA
CBHW070741170426
43200CB00007B/610